BAYERISCHE AKADEMIE DER WISSENSCHAFTEN
PHILOSOPHISCH-HISTORISCHE KLASSE
SITZUNGSBERICHTE · JAHRGANG 1985, HEFT 5

KURT RUH

# Die ‚Melusine'
# des Thüring von Ringoltingen

Vorgetragen am 14. Dezember 1984

D1718921

MÜNCHEN 1985
VERLAG DER BAYERISCHEN AKADEMIE DER WISSENSCHAFTEN
In Kommission bei der C. H. Beck'schen Verlagsbuchhandlung München

ISSN 0342-5991
ISBN 3 7696 1538 7

© Bayerische Akademie der Wissenschaften München, 1985
Druck der C. H. Beck'schen Buchdruckerei Nördlingen
Printed in Germany

Für
Frau Ursula Reinhardt-Kiss

‚Seliger ist zu beschreiben Melosinam'    (Paracelsus)
‚So müssen Weiber sein'    (Theodor Fontane, ‚Stechlin')

Die beiden Zitate, die ich als Motto meinen Ausführungen voranstelle, sollen andeuten, was ich immer als eigentliches Signum der Melusinengestalt empfunden habe: das Faszinosum. Für Männer, muß man hinzufügen, und weil dem so ist, wird die Geschichte für Frauen ein Lehrstück, für nicht wenige freilich (wie für Tante Adelheid im ‚Stechlin') zur Provokation.
Damit ist auch schon ein weiteres Element der Melusinenerzählung angesprochen: deren vielfältige Ambivalenz. Unter dieser Perspektive hat ihr Hugo Kuhn eine seiner letzten Seiten gewidmet,[1] wobei er Fontanes ‚Stechlin' in die Erzählung Thürings hineinspiegelte, so etwa in der Ambivalenz Alt und Neu. Dies mit dem Ziel, ein Kriterium der literarischen Wertung für die Übergangszeit vom Mittelalter zur Neuzeit zu gewinnen. Diese Ausrichtung und alles, was mit ihr zusammenhängt, lasse ich hier unberücksichtigt. Mir geht es vorrangig um einen zeitgenössischen Verständnishorizont. Zu diesem komme ich freilich erst nach einigen Anläufen. Als erstes muß ich die Erzählung als solche vermitteln, indem ich das herausstelle, was mir wesentlich erscheint. Es gilt sodann, ihre geschichtliche Ausfaltung und den Autor ins Auge zu fassen, der sie als seine Geschichte vorträgt. Schließlich ist an die bisherigen Interpretationsansätze zu erinnern.

I

Thüring von Ringoltingen, Berner Ratsherr und Berner Schultheiß, schrieb im Jahre 1456 die folgende Geschichte in alemannischer Prosa.[2]

---

[1] Hugo Kuhn, Versuch über das 15. Jahrhundert in der deutschen Literatur, in: H. K., Entwurf zu einer Literatursystematik des Spätmittelalters, Tübingen 1980, S. 98–100.

[2] Ausgaben: Thüring von Ringoltingen: Melusine, nach den Handschriften kritisch hg. von Karin Schneider (Texte des späten Mittelalters 9), Berlin 1958 [darnach zit.]; Th. v. R.: Melusine. In der Fassung des Buches der Liebe (1587) hg. von Hans-Gert Roloff, Stuttgart 1969.

Raymond, der jüngste von drei Söhnen des wenig begüterten Grafen von Vorst, wird vom reichen und mächtigen Vetter Ammrich von Poitou in Poitiers auferzogen. Auf einer Jagd in einem weiten Waldgebiet verlieren Ammrich und Raymond die Gefährten, und beim überraschenden Auftauchen des Jagdtiers, eines Ebers, trifft Raymonds Speer unglücklicherweise den Vetter tödlich. In wilder Verzweiflung über seine unselige Tat irrt er im nächtlichen Wald herum. Am andern Morgen gelangt er zu einer Quelle in schöner Waldlichtung, *Turstbrunnen*[3] genannt. Hier findet die entscheidende Begegnung seines Lebens statt: mit der Wasserjungfrau Melusine (doch weiß er nicht, daß sie aus dem Geschlechte der Nymphen ist). Sie vermag den Unglücklichen zu trösten, dessen Name und Verhältnisse sie zum Erstaunen Raymonds kennt, und verspricht ihm Ehre und Glück, wenn er sie zur Gemahlin nähme. Raymond ist berückt von der *unsaglichen schönheit irs libes* (42, 20) – *unsaglich* ist ein Vorzugswort des Autors – und der Lieblichkeit ihres Wesens, und wie er sich von der Tatsache überzeugen kann, daß sie eine Christin ist, zögert er nicht, die Verheißung des Glücks anzunehmen. Freilich gibt es seitens der Melusine eine Bedingung: er müsse sie *den gantzen tag des samstags fry und unbekümbert lassen* (44, 12f.), also: freier Samstag für Madame. Sollte er diese Bedingung brechen und ihr an diesem Tage nachspionieren, so müsse sie ihn verlassen und sein ganzes Glück sei dahin. Raymond verspricht, dieses Tabu zu halten.

Melusine hat nicht zu viel versprochen,. Zunächst zieht die unglückselige Tötung des Vetters keine Verwicklungen nach sich; niemand kommt auf den bösen, aber nun doch naheliegenden Gedanken, Raymond hätte den Grafen, den man inzwischen aufgefunden hat, erschlagen. Der neue Herr, Graf Bertram, stattet ihn auf seinen Wunsch hin mit dem Territorium des Turstbrunnens aus. Dort findet dann auch in einer Zeltstadt die Hochzeit mit Melusine statt. Graf Bertram und die Verwandtschaft sind erstaunt, daß Raymond nicht zu sagen weiß oder nicht zu sagen gewillt ist, aus welchem Geschlecht seine Braut stamme, aber die überwältigende Aufmachung

---

[3] *Turstbrunnen* (42,1; 4f. u. ö.) gehört zu den nicht sehr häufigen Übersetzungsfehlern Thürings: *soif*, Gehege' in *la fontaine de soif* wird mit *soi* (nfrz. *soif*) ,Durst' verwechselt; siehe K. Schneider [Anm. 2], S. 34; Hans-Gert Roloff, Stilstudien zur Prosa des 15. Jahrhunderts. Die Melusine des Thüring von Ringoltingen (Literatur und Leben, N. F. 12), Köln-Wien 1970, S. 65 mit Anm. 141.

der Hochzeitsfestlichkeiten seitens der Melusine und deren Charme und höfische Gesittung zerstreuen alle Zweifel an der standesgemäßen Verehelichung. Vor dem Beilager wiederholt Melusine ihre Bedingung:

*,,Und harumb so wiß und hab gantz keynen zwifel, den ob du mir haltest das, so du mir gelopt, versprochen und gesworen hast, das dir denne gůtes, glückes, selden noch eren niemer gebrist, dan das du als ein glückselig man werden solt und mer den deheiner in dinem geslecht und aller diner vordern denn deheiner ie wurde. Ubersechest du aber din gelüpt, eid und ere, so wirdestu grosse not und arbeit, liden und kumber gewynnen und umb din lüt und lant merteils komen und mich darzů verlieren und nit me widerfinden noch myn bekomen.''* (52, 34–53, 6)

Dies ist der erste Teil der Erzählung (37, 28–53, 36), den man in der Art alter Titeleien überschreiben könnte mit ,,Wie Raymond Melusinen gewann''. Der zweite Teil (54, 1–78, 18) schildert Melusines und Raymonds Glück.

Die ökonomischen Mittel der Melusine sind unbeschränkt. Sie läßt beim Turstbrunnen ihren Stammsitz erbauen und nennt ihn in Anlehnung an ihren Namen Lussinien. Es folgen in kurzer Frist sechs weitere Burgen, das Schloß Partenach und das Marienkloster Mallieres. In wenigen Jahren ist Raymond ein mächtiger Herr mit großem Territorium. Das betrifft die Stellung in der Gesellschaft, also seine Ehre. Aber auch das Glück, das persönliche Familienleben, ist ungetrübt. Zehn Söhne werden Raymond von Melusine geboren. Sie haben zwar alle eine Abnormität: der eine hat ein grünes neben einem roten Auge, der andere ein rotes Gesicht, der dritte eine Löwenpranke, d. i. ein Muttermal auf der einen Backe, ein weiterer einen Eberzahn, aber das schafft keine Komplikationen: weder gereichen diese Missbildungen zum Kummer der Eltern und der Familie, noch hindern sie die Söhne am Erfolg. Vielmehr machen sie wie Märchenfiguren ihr Glück. Die beiden ältesten Söhne, Uryens und Gyot, werden durch Tapferkeit und glückliche Umstände Könige von Cypern bzw. Armenien. Gleiche Fortune kommt Reinhart und Anthoni zu; der eine wird Herr des Elsaß, der andere König von Böhmen. Ausführlich erfährt der Leser, wie alle vier zu diesen Herrschaften kommen. Der fünfte Sohn, Freymond, wird dann Mönch von Mallieres, dem Hauskloster des Geschlechts.

Damit aber ist der Höhepunkt des Aufstiegs und des Familienglücks erreicht. Der Autor setzt mit dem dritten Teil – ‚Wie Raymond Melusinen verlor‘ zu thematisieren – markant ein: *Nůn laß ich diß alles sin und muß nů anvachen zů sagen von dem ende, so düsse fröude nam, wan gewonlich die glückselikeit düß jamertales ein ende nympt mit liden und mit kumber in düser zitt* (79,19ff.). Die Wendung nimmt folgenden Anfang. Es trifft sich, daß ein Bruder Raymonds, der Graf von Vorst, an einem Samstag auf Lussinien zu Besuch kommt, und es befremdet ihn, daß sich Melusine bei der Begrüßung und Bewirtung nicht sehen läßt. Er nimmt Raymond auf die Seite und spricht seine Bedenken aus, berichtet auch, daß die Leute sagen, es ginge da in seinem Hause nicht alles mit rechten Dingen zu. Damit sitzt der Stachel. Raymond geht hin, sucht Melusine und stellt fest, daß sie sich in der Badestube eingeschlossen hat. Er bohrt mit des Schwertes Spitze ein kleines Loch in die eiserne Tür. Der Autor ruft aus: *Ach, wie werckete er im selbs do so übel!* ,,Was tat er sich da selbst zu Leide!‘‘. Raymond sieht nun, wie der herrliche Leib Melusines vom Nabel an in einen lazurfarbenen Schlangenleib übergeht. Er verflucht diese Stunde und weist den Bruder in großem Zorn aus dem Hause. Dann bricht er in bewegte Klage aus. Wie Melusine, die alles weiß, das Bad verläßt, begibt sie sich unbefangen zu ihrem Gemahl, fragt ihn nach seinem Kummer. Raymond glaubt, sie hätte seinen Wortbruch nicht bemerkt, und spricht von einem hitzigen Fieber, das ihn jäh befallen habe. Es scheint alles wieder gut zu sein.

Daß dem nicht so ist, verrät die verbrecherische Tat des sechsten Sohnes Geffroys. Er kann und will nicht begreifen, daß sein Bruder Freymond Klosterbruder geworden ist, gerät in rasende Wut und verbrennt das Kloster mit über hundert Mönchen. Raymond ist durch diese Untat eines missratenen Sohnes außer sich und glaubt die Schuld auf die Mutter schieben zu müssen. Das führt zur Katastrophe. Öffentlich nennt er sie ,,*du böse schlang, du schamlicher wurm, din same noch din geschlechte getůt nyemer gůt*‘‘ (92,6f.). Melusine fällt in Qual und Jammer zu Boden, bricht in Wehrufe aus. Dann klagt sie den Gemahl des Treubruchs an. Jetzt müsse es ihm *an lib, an gůt, an glück, an selde und an eren missegan* (93,17f.). Ohne diesen Verrat wäre sie wie ein anderes, ,,natürliches‘‘ Weib gestorben und der Erde anvertraut worden in der Hoffnung, einmal die ewige Seligkeit zu erwerben; jetzt aber sei ihr langwährende Not und Mühsal bis zum

Jüngsten Tage beschieden. Das erfährt nicht nur Raymond, sondern auch der Leser zum ersten mal: die Verehelichung einer Nymphe führt bei der Wahrung des auferlegten Tabus seitens des Gatten zur Erlösung aus dem Dasein als Elementargeist. – Der Rest ist Abschied und Klage. Der Erzähler findet bewegte und bewegende Worte in einer Situation ohnegleichen: Raymond verliert unwiederbringlich sein ein und alles, sein Glück, seinen Frieden, Melusine ihre ersehnte Sterblichkeit als irdische Frau. Den Schluß bilden Segensworte, die die ganze hohe Zeit des Glücks noch einmal in Worte fassen (96, 13–28; 97, 9–18). Es ist der rhetorische Höhepunkt des Werks.[4] Melusine entweicht durch ein Fenster: sie hat nun ihre nymphische Gestalt, ihren Astralleib, wieder zurückgewonnen. Dreimal umfliegt sie die Burg Lussinien, dann entschwindet sie mit gellendem Wehgeschrei.

Von diesem Tage an sieht niemand mehr Raymond je fröhlich bis zu seinem Tode. Wie Hiob verflucht er die Stunde, in der er geboren wurde, seine Klage um unendlichen Verlust ist ohne Ende.

Noch haben die Gatten zwei kleine Kinder. Es ist Melusine vergönnt, diese öfter bei einbrechender Nacht zu besuchen, sie zu säugen und am Feuer zu erwärmen. Das beobachten die Ammen, aber Raymond bekommt sie nie mehr zu sehen.

Noch ist die Erzählung nicht zu Ende. Ausführlich wird die weitere Geschichte Geffroys erzählt. Zur Sühnung seiner Untat verbringt er große Heldentaten: Er erschlägt Riesen und befriedet damit das Land, er befreit Gefangene. Diese Taten führen ihn auch zur Entdeckung der Herkunft seiner Mutter Melusine, die hier nicht wiedergegeben werden soll. Im Hinblick auf seine edlen Befreiungstaten vermag Raymond seinem Sohne zu verzeihen, zieht dann nach Rom zur Beichte und schließlich als Einsiedler in die Einsamkeit von Montserrat, wo er bald stirbt. Drei Tage vor seinem Tod erscheint Melusine, wie sie es geweissagt hat, zum letzten mal vor Schloß Lussinien.

Auch Geffroy geht zur Papstbeichte nach Rom und leistet Kirchenbuße. Ihm ist auferlegt, das Kloster Mallieres neu aufzubauen, das 120 Mönche aufnehmen soll. Dort liegt er auch nach seinem Tode begraben. Der Erzähler der Geschichte hat dieses Grab gesehen.

---

[4] Er ist vorlagenbedingt: siehe Couldrette [Anm. 7], v. 4125–4155; 4185–4206; *Adieu* hat Thüring mit dem Segenswunsch *gesegen dich* stärker personalisiert.

II

Die Erzählung von Melusine und Raymond hat eine längere literarische Vorgeschichte und eine noch weit ausgedehntere Wirkungsgeschichte. Ich will sie, da schon öfter vorgetragen,[5] gerade nur in einigen wesentlichen Stationen andeuten.

Entstanden ist die Sage von der Verehelichung des Ritters Raymond mit einer Nymphe, von ihrem Glück und ihrem Unglück nach dem Bruch des Tabus, in der Provence um 1200. Sie wird am ausführlichsten berichtet in den ,Otia imperialia' (ca. 1210) des Gervais de Tilbury (Gervasius Tilburiensis).[6] In der Mitte des 14. Jahrhunderts verbindet sich dann diese Geschichte mit dem Adelsgeschlecht derer von Lusignan-Parthenay im westlichen Mittelfrankreich (westlich von Poitiers). Diese zu einer Art Familienchronik gewordene Erzählung fand dann zwei Ausgestaltungen: in der Prosaerzählung des Jean d'Arras, entstanden zwischen 1387 und 1393, und im Versroman von Couldrette vom Jahre 1403.[7] Die Prosafassung Thürings beruht überraschenderweise, aber zweifelsfrei auf dem Versroman. Damit wählte Thüring – ,,wählte'', sofern ihm der Prosaroman gleichfalls zur Verfügung stand, was fraglich ist – die erzählerisch kompaktere, knappere, auch, und nicht nur wegen der Versform, die noblere Fassung.

Die deutsche Bearbeitung – von einer ,,Übersetzung'' sollte man nicht sprechen – des Berner Patriziers hatte Erfolg. Zwischen 1467 und dem Ende des 15. Jahrhunderts sind 15 Handschriften bezeugt;

---

[5] Leo Hoffrichter. Die ältesten französischen Bearbeitungen der Melusinensage (Romanistische Arbeiten, hg. von Karl Voretzsch 12), Halle (Saale) 1928, S. 64–76; Louis Stouff, Essai sur Mélusine, roman du XIV^e siècle par Jean d'Arras (Publications de l'Université de Dijon, fasc. III), Dijon-Paris 1930, S. 43–88; Karl Heisig, Über den Ursprung der Melusinensage, Fabula 3 (1960), S. 170–181; S. P. Martin-Civat, La Mélusine, ses origines, son nom, Paris 1969; Claude Lecouteux, Zur Entstehung der Melusinensage, Zs. f. dt. Philol. 98 (1979), S. 73–84.

[6] Text bei F. Liebrecht (Hg.), Des Gervasius von Tilbury otia imperialia. In einer Auswahl neu hg. und mit Anmerkungen begleitet, Hannover 1856, S. 4–6; Stouff [Anm. 5]; S. 155f.

[7] Jean d'Arras: Mélusine. Roman du XIV^e siècle, publié pour la première fois . . . par Louis Stouff, Dijon 1932 (Reprint: Genève 1974); Mellusine, poème relatif a cette fée poitevine composé dans le quatorzième siècle par Couldrette, publié pour la première fois par Francisque Michel, Niort 1854.

1474 wird die Erzählung zum erstenmal gedruckt (Augsburg), bis 1500 sind 14 Nachdrucke bekannt, aus dem 16. Jahrhundert 16, 5 aus dem 17. und 11 aus dem 18. Jahrhundert.[8] Diese Angaben verraten, daß die Erzählung, ungleich den meisten Geschichten aus dem Mittelalter, ununterbrochen gelebt hat und die Leser zu bewegen und zu bezaubern vermochte. So kannte Goethe die ‚Melusine' laut ‚Dichtung und Wahrheit'[9] bereits in der Straßburger Zeit, auch wenn er seine ‚Neue Melusine' erst ‚Wilhelm Meisters Wanderjahren' inseriert hat. Überaus zahlreich sind die Neufassungen des 19. Jahrhunderts. Unter ihnen dürften die Gestaltungen von Clemens Brentano und Theodor Fontane die anspruchsvollsten sein. Beide haben sich in wiederholten Ansätzen um eine persönliche Adaptation des Motivs bemüht. Brentano hat es nach allen Seiten hin ausgelotet: die Frau, die vom Manne verraten und der Unseligkeit ausgesetzt wird, der Mann, den das verletzte Weib im Lebenszentrum zerstört. Bei Fontane ist Melusine das Elementare im Sinne des vollkommen Weiblichen, das fasziniert und irritiert und doch fremd und unbegreiflich bleibt. Es gibt bei ihm Ansätze zu einer modernen Melusine, so das Fragment ‚Oceane von Parceval' vom Jahre 1882. Aber eindrucksvoller sind Melusine-Gestalten im Romanwerk, so die Gräfin Melusine im ‚Stechlin'.

## III

Wer war der Verfasser, dem ein so ungewöhnlicher Erfolg beschieden war? Kein Literat, deren es in dieser Zeit viele gab und denen wir fast die gesamte ‚schöne Literatur' des späteren 15. Jahrhunderts verdanken, sondern ein Liebhaber.

---

[8] Zur Überlieferung siehe K. Schneider [Anm. 2], S. 7–19; Paul Heitz/Friedrich Ritter, Versuch einer Zusammenstellung der Deutschen Volksbücher des 15. und 16. Jahrhunderts nebst deren späteren Ausgaben und Literatur, Straßburg 1924, Nr. 433–462.

[9] ‚Dichtung und Wahrheit', gegen Schluß des 10. Buches: „Wir begaben uns [in Sesenheim] in eine geräumige Laube, und ich trug ein Märchen vor, das ich hernach unter dem Titel ‚Die neue Melusine' aufgeschrieben habe." (Artemis Gedenkausgabe, Bd. 10, Zürich 1948, S. 488; siehe auch S. 493 und 507).

‚Von Ringoltingen' ist ein neuer Name, der sich auf ein im 15. Jahrhundert herrenlos gewordenes Landschloß bezieht und den sich das Geschlecht, dem Thüring angehörte, zugelegt hat. Ursprünglich hieß die Familie schlicht und bäuerlich Zigerli und stammte aus dem Simmental im Berner Oberland. Den Aufstieg in die Berner Aristokratie und zur politischen Herrschaft schaffte vor allem der ungemein tüchtige Vater Thürings, Rudolf, der Herr von Landshut war, Diplomat, Feldherr und dreimal Schultheiß. Dem Sohne Thüring fiel dann alles wie von selbst zu. Um 1415 geboren, wurde er bereits 1435 Mitglied des Großen Rats, zwischen 1458 und 1467 war er viermal Schultheiß, alternierend mit dem großen Niklaus von Diesbach, dem Bern seine größte Machtstellung verdankt. Thüring war indes trotz dieser hohen Stellung kein führender Politiker der Republik. Als er 1483 ohne männlichen Nachkommen starb, hatte sich auch das Familienvermögen beträchtlich vermindert: ein untrügliches Zeichen, daß es mit dem Geschlecht wieder abwärts ging.[10]

Man hat sich darüber verwundert, daß Thüring mit spürbarem Engagement eine Geschichte erzählte, in der es um den Ruhm eines adeligen Geschlechts, derer von Lusignan-Partenay im Burgundischen ging, mit dem er offensichtlich nichts zu tun hatte. Das gilt auch von demjenigen, dem er sein Werk widmete, dem Markgrafen Rudolf von Hochberg. Und trotzdem ist eine Beziehung zwischen Verfasser und Stoff zu erkennen. Sie betrifft Thürings besondere Stellung in der Öffentlichkeit, wie sie für eine aufsteigende Familie typisch ist: politische Spitzenposition ohne Adelsausweis. Die Erzählung von der Melusine ist nun, was den männlichen Partner und die

---

[10] Zur Biographie am ausführlichsten: Heinrich Türler, Über den Ursprung der Zigerli von Ringoltingen und über Thüring von Ringoltingen, in: Neues Berner Taschenbuch auf das Jahr 1902, Bern 1901, S. 263–276; Gustav Tobler, Rudolf von Ringoltingen. Thüring von Ringoltingen, in: Sammlung Bernischer Biographien 2 (1896), S. 172–192; Xenja von Ertzdorff, Die Fee als Ahnfrau. Zur ‚Melusine' des Thüring von Ringoltingen, in: Festschr. für Hans Eggers zum 65. Geburtstag, PBB 94 (Tüb.), Sonderheft 1972, S. 428–457, bes. 436–440. – Was den Rückgang des Vermögens betrifft, so hatte daran wohl Thürings Schwiegersohn Ludwig von Diesbach, dessen zerrüttete Vermögensverhältnisse durch seine Autobiographie aktenkundig geworden sind, wesentlichen Anteil; siehe dazu: Die deutsche Literatur des Mittelalters. Verfasserlexikon V (Berlin 1985), Sp. 993–997.

Nachkommenschaft betrifft, eine Aufsteigergeschichte. Ein ärmliches, kleines Adelsgeschlecht kommt zu großem Ansehen, Reichtum und Macht. Die Fee Melusine bezeichnete unter dieser Perspektive die Fortune des Geschlechts, wie sie denen von Ringoltingen alias Zigerli beschieden war. So ging Thüring die Geschichte von der Melusine schon etwas an, nämlich als Familiengeschichte. Sie bestätigte das adelige Standesbewußtsein des Aufsteigers, ein Bewußtsein, das in dieser Zeit und im Rahmen eines Stadtstaates weniger auf adeliger Lebensart, d. h. Kriegsdienst, als auf politischen Rollen und politischen Chancen beruhte.[11]

## IV

Von hier aus ergibt sich ein erster interpretatorischer Zugriff: ‚Die Fee als Ahnfrau'. Das ist der Titel eines Melusinenbeitrags von Xenja von Ertzdorff v. J. 1972, und auch der Aufsatz von Jan-Dirk Müller, ‚Melusine in Bern', vom Jahre 1977[12] ist grundsätzlich diesem genealogischen Ansatz verpflichtet, wenn auch mit schärferer Betonung des zeitgeschichtlichen Aspekts, d. h. der politischen und sozialen Verhältnisse des Berner Stadtstaates im 15. Jahrhundert.

Kein Zweifel, daß die Fortune einer Familie, verkörpert im Elementarwesen Melusine, für Thüring ein entscheidender, ja der persönlich wichtigste Anreiz gewesen ist, diese Geschichte seinen Landsleuten zu vermitteln. Man braucht dabei nicht zu leugnen, daß es ihm auch das Sentiment der Raymond-Melusine-Beziehung angetan hat, aber jedem Leser muß auffallen, wie stark der Bearbeiter den Aufstieg der Familie betont sowie den Umstand, daß sie noch heutigen Tags imposant vertreten ist. *Es sind auch von ir* (Melusine) *große mechtige geschlechte komen von künigen, von fürsten, graffen, fryen, ritter und knechten, der nachkommen noch hüt by tage ernampte künige, fürsten, graffen, ritter und knechte sind* (36,5 ff.). Das steht bereits im ersten

---

[11] Darüber vor allem Jan-Dirk Müller, Melusine in Bern. Zum Problem der ‚Verbürgerlichung' höfischer Epik im 15. Jahrhundert, in: Joachim Bumke u. a. (Hgg.), Beiträge zur älteren deutschen Literaturgeschichte 1: Literatur. Publikum. Historischer Kontext, Bern-Frankfurt/M.-Las Vegas 1977, S. 29–77, bes. S. 72.
[12] Siehe die Anmerkungen 10 und 11.

Abschnitt der Erzählung, der eine Zutat des Bearbeiters ist. Dieser
konnte auch mit einem verbreiteten genealogischen Interesse der eu-
ropäischen Adelswelt rechnen. Außerdem war es der Zeit keineswegs suspekt, wenn ein Geschlecht ein mythisches Wesen als Ahnfrau verehrte. Im Gegenteil, es gereichte ihm zum Ruhme. Noch im
16. und 17. Jahrhundert akzeptierten französische Gelehrte mythische
Stammbäume, und manches Geschlecht rühmte sich der Fee als
Stammutter wie in früheren Zeiten der Abstammung von Göttern
und Heroen.[13]

Der genealogische Aspekt ist der typisch zeitgeschichtliche; für uns
dürfte er nicht mehr geeignet sein, die Geschichte zu erschließen.
Sicher ist zudem, daß die Perspektive der Hauschronik nur die späte
Variante einer durchaus zeitlosen Erzählfabel ist. Hier liegt ein zwei-
ter Interpretationsansatz vor, der strukturanalytische. Er fragt nach
Muster und mit dem Muster nach dem Sinn dieser Geschichte.[14]

Reduzieren wir die Erzählung auf ihre Grundmotive, so ergibt sich
folgendes Schema:

1. Der Held entfernt sich von den Seinen und begegnet einer Jung-
frau aus dem Elementarbereich und mit übernatürlichen Gaben.
2. Sie schenkt ihm ihre Liebe unter der Bedingung eines ihm auferlegten Tabus.
3. Das Glück wird unterbrochen durch die Intervention eines
Dritten.
4. Der Held bricht das Tabu und verliert das geliebte Weib und mit
ihm das Glück für immer.

In dieser Reduktion umschließt die Geschichte nicht nur die Erzählung von der Melusine, sondern zahlreiche andere Ausformungen
des Grundmotivs einer Verbindung des Menschen mit einem übernatürlichen Wesen, angefangen von ,Amor und Psyche' aus den Me-
tamorphosen des Apuleius (mit umgekehrten Rollen) über die vedi-
sche Geschichte ,Purûravas und Urvasi' zu bretonischen Lais des
12. Jahrhunderts (Gralant, Guingamor), die zu den Modellen der
Artusepik gehören, bis zum französischen und deutschen ,Partono-
pier'-Roman, um unter vielen Vertretern nur die wichtigsten zu
nennen.

---

[13] X. von Ertzdorff [Anm. 10], S. 428 ff.; Stouff [Anm. 5], S. 72–88.
[14] Siehe vor allem Claude Lecouteux, La structure des légendes mélusiniennes,
Annales. Economies-Société-Civilisations, Paris 1978, S. 294–306.

In all diesen Erzählungen gleichen Musters (bei starker individueller Verschiedenheit) steckt immer auch der gleiche Sinn: Die Verbindung mit einem Wesen der andern Welt bringt dem Menschen höchstes Glück und höchste Prosperität an Erdengütern, birgt in sich aber gleichzeitig ein Element des Unheimlichen. Dieses konkretisiert sich in einem Tabu (sehr häufig ist es ein Sehtabu wie in der ‚Melusine'), was immerhin einen partiellen Entzug des geliebten Wesens bedeutet. Mit ihm wird der Mann nicht fertig, und so ist er dann auch der argwöhnischen Verwandtschaft oder Umgebung nicht gewachsen. Er bricht das Tabu und führt so für beide Teile die Katastrophe herbei.

Zusammenfassend wird man sagen dürfen, daß in diesem Erzähltypus die allgemein menschliche Erfahrung beschlossen liegt, daß der Mensch zwar leidenschaftlich nach dem höchsten Glücke strebt, in der Liebesbeziehung vor allem, aber auch in der Stellung in der Welt, jedoch wenn ihm solches zuteil wird, es nicht festhalten kann. Dieser Befund lädt zur psychoanalytischen Deutung ein, und es gibt sie. Man liest dazu am besten: Emma Jung, Die Anima als Naturwesen (1955).[15] Anima ist die weibliche Persönlichkeitskomponente des Mannes, zugleich das Bild, das der Mann vom weiblichen Wesen überhaupt in sich trägt, damit aber auch der Archetyp des Weiblichen. Dieses vollkommen Weibliche verkörpert sich im Elementarwesen, in der Nymphe. Der Mann begehrt es, um dadurch zur immer erstrebten Ganzheit zu gelangen, und – scheitert in seiner menschlichen Schwäche.

## V

Soweit ist unsere Geschichte erschlossen. Ich füge einen neuen Ansatz hinzu und gehe dabei von der Tatsache aus, daß die Melusinenerzählung, die von der Verbindung des Menschen mit einem übernatürlichen Wesen handelt, im Mittelalter ein religiöses Problem evozierte. Glaubte man, so ist zu fragen, an solche Verbindungen, und wenn ja, wie waren sie moraltheologisch zu beurteilen?

---

[15] In: Wilhelm Laiblin, Märchenforschung und Tiefenpsychologie (Wege der Forschung 102), Darmstadt ²1972, S. 237–283.

Man glaubte an sie, d. h. man hielt sie für real, und die spätmittelalterliche Theologie hat sie im Rahmen ihrer Dämonologie ausführlich vorgestellt, begründet und beurteilt. Das brauche ich an dieser Stelle nicht nachzuweisen. Die Grundlagen der Dämonologie findet man schon bei Augustin und dann sehr differenziert im Rahmen der Engellehre – denn Dämonen sind ja gefallene Engel – der Sentenzenkommentare und Summen der Scholastiker, so bei Thomas von Aquin, Summa theologica I q. 51, a. 3, wo von den ,,körperlichen Tätigkeiten" der Dämonen, d. h. deren Gechlechtsverkehr mit Menschen die Rede ist.[16] Im Deutschen wurden die Dämonen, also auch die Elementargeister, *gespenste* – das sind nach ihrer ursprünglichen Bedeutung ‚verlockende Geister' – genannt, so in der ‚Melusine' Thürings 36, 5; 42, 16; 47, 35; 50, 15; 80, 27; 90, 36; 91, 5; 103, 34; 105, 36; 120, 13. Die Verbindung des Menschen mit ihnen war also verfluchtes Teufelswerk. Diese gängige Auffassung, die Theologie und Volksaberglauben gleichermaßen nährten, spiegelt sich in allen Geschichten vom Melusine-Typus. Ich veranschauliche dies aufgrund der Verserzählung ‚Peter von Staufenberg' des Egenolf von Staufenberg (um 1310).[17] Hier geht Peter keine Ehe mit dem außerirdischen Wesen ein, sondern eine freie Verbindung, und das Tabu besteht gerade darin, daß er keine Ehe, nämlich mit einer irdischen Frau, eingehen darf. Die Frau aus der andern Welt wird nun, obschon sie durchaus (wie Melusine) im christlichen Sinne fromm genannt werden darf, von den Klerikern verteufelt: *der tüvel in der helle / ist üwer slafgeselle,* heißt es v. 953 f. ganz im Einklang mit der Theologie. Der Erzähler läßt so keinen Zweifel darüber, wie Kirche und

---

[16] Es sei an dieser Stelle angemerkt: Wo immer vom mittelalterlichen Aber- und Dämonenglauben, zumeist im Zusammenhang der Hexenverfolgungen, gehandelt wird, vergißt man nie, in Zitation von Su. theol. I q. 51, a. 3 Thomas von Aquin als Lehrer des *succubus* und *incubus* namhaft zu machen. Da Thomas hier ausführlich Augustinus (De civitate Dei XV, c. 23) zitiert *(. . . Silvanos et Faunos, quos vulgus incubos vocat)* konnte zugleich dieser als Begründer der christlichen Dämonenlehre indiziert werden. Ausführlicher als in Su. theol. handelt Thomas von den Dämonen in ‚Quaestiones disputatae de malo' q. 16 mit 12 Artikeln (Thomae Aquinatis op. omn. 3 [Leonina], Romae 1980, S. 337–352).

[17] Zitierte Ausgabe: Edward Schröder, Zwei altdeutsche Rittermären, Berlin [4]1929. Literatur in: Verfasserlexikon [Anm. 10] II (Berlin 1980), Sp. 368; dazu Richard Ernest Walker, Peter von Staufenberg. Its Origin, Development, and Later Adaption (Göppinger Arbeiten zur Germanistik 289), Göppingen 1980.

Öffentlichkeit über eine solche Verbindung denken, stellt aber desungeachtet die nymphische Liebespartnerin uneingeschränkt sympathisch dar. Und nicht nur dies: Er läßt Peter von Staufenberg eines christlichen Todes sterben, obschon er, wie es scheint (der Text ist an dieser Stelle leider mehrdeutig), nicht seine von der Kirche als sündig beurteilte Verbindung mit der Frau aus dem Elementarbereich, sondern seine Untreue ihr gegenüber bereut. Es dokumentiert so diese Erzählerhaltung aufs deutlichste die Ambivalenz gegenüber dem Elementarwesen: Es sind doch wohl, wie die Kirche will, *gespenste,* aber wie schön und herrlich sind sie, und wer weiß mehr Glück zu spenden als sie! Oder mit dem alten Stechlin über die Gräfin Melusine: ‚‚So müssen Weiber sein''.

Die ‚Peter von Staufenberg'-Erzählung ist der Regelfall: Alle derartigen Geschichten, die das Mittelalter hervorgebracht hat, sind von dieser Ambivalenz bestimmt. Einzig die ‚Melusine' kennt sie nicht, besser: hat sie überwunden. Melusine ist nicht nur Christin, sie ist als solche makellos; mit Recht konnte sie hoffen, wie sie es bei ihrem Abschied zum Ausdruck bringt (93, 23 f.), die ewige Seligkeit zu erlangen. Bösen Verdacht gibt es nur seitens des Bruders und, aber nur angeblich durch des Bruders Mund, der Leute. Diese tolerante Einstellung des Autors ist nun doch erstaunlich (und hat trotzdem noch nie die Aufmerksamkeit der Melusine-Forschung gefunden). Mit der Familiengeschichte ist sie nicht zu erklären; vielmehr verhält es sich umgekehrt: ‚Melusine' als Hauschronik wurde erst möglich aufgrund dieser Toleranz. Niemand preist eine Ahnfrau, die ein Teufelsgespenst ist.

Melusine ist eine gute Fee. Das gilt zunächst einmal für die beiden französischen Melusine-Romane. Geheimnisvoll ist ihr Ursprung, aber, wie es ein alter Schriftsteller formulierte: ‚‚Une dame des plus nobles en lignée, en vertu, en esprit, en magnificence''. Und alle lokalen Melusine-Geschichten, Melusine als nächtliche Erbauerin von Schlössern, Kirchen und Klöstern, als Freundin der Armen, als Wiedergängerin (wenn man dies von einem Geist sagen darf!), wissen einzig von der guten Fee zu berichten.[18]

Die Melusinen-Autoren reflektieren aber auch über die Problematik des Elementarwesens. Jean d'Arras, der Verfasser des französi-

---

[18] Siehe Stouff [Anm. 5], S. 72–89.

schen Prosaromans, erklärt in der Vorrede (S. 2), die Feenerzählungen seien als wahr zu betrachten. Der Mensch dürfe sich nicht anmaßen, die Taten und Absichten Gottes, was diese Geschöpfe betrifft, zu verstehen, wohl aber zu bedenken und zu bewundern.[19] Thüring seinerseits, obschon unbelastet von einer Familientradition, die es zu verherrlichen galt, hat von diesem freundlichen Bild der Melusine, etwa aufgrund theologischer Bedenken oder mit Rücksicht auf den Volksglauben, nichts zurückgenommen. Auch er denkt über seine Geschichte nach und findet sich, ohne deren Befremdlichkeiten zu verschweigen, zu einem uneingeschränkt positiven Bild der Titelheldin. Es heißt in der Vorrede, und dies ohne Anstoß seitens seiner Vorlage: *Und das ist von eyner frowen genant Melusine, die ein merfrowe gewesen und noch ist, daß sü nit gantz nach mönschlicher natur ein wib gewesen ist; besunder hat sü von gottes wunder ein andre gar frömde und selscne ußzeichnung gehebt, und wie das sige, das ir wandel sich etwas eynem vast großen gotts wunder oder gespönst glichete, so hat sü doch natürliche und eliche kint gelassen ... David in dem psalter spricht: ‚Mirabilis deus in operibus suis, got ist wunderbar in synen wercken'* (Ps. 67, 36); *das bewiset sich eygentlichen an düsser frömder figur und hystorie* (36, 22–37, 5).

Es geht aus dieser Äußerung hervor, daß Thüring wohl weiß, worum es in der Melusine-Gestalt geht, nämlich um das, was Kirche und Volksglaube *gespenste* nannten – er spricht sogar die ominöse Bezeichnung aus –, will aber in ihr das Gotteswunder manifestiert sehen. Genau damit ist der Dämonenursprung verneint, denn man preist Gott zwar in allem, was er geschaffen hat, nicht aber in den gefallenen Engeln, die, wenn man so will, ein Betriebsunfall der Schöpfung sind.

In der gelehrten Literatur des Mittelalters vermag ich eine Einstellung zum Naturwesen wie in der ‚Melusine' nicht zu belegen, faßbar wird sie mir erst bei Theophrastus von Hohenheim, genannt Paracelsus, also mehr als ein halbes Jahrhundert nach Thüring und mehr als ein Jahrhundert nach den französischen ‚Melusine'-Verfassern. Von Paracelsus gibt es einen ‚Liber de nymphis, sylvis, pygmaeis et salamandris et de caeteris spiritibus'.[20] Es handelt sich (trotz des lateini-

---

[19] Bei Couldrette fehlen derartige Überlegungen. Doch wird Melusine uneingeschränkt als gute *fee* eingeführt (v. 68 ff.).

[20] Sonderausgabe von Robert Blaser (Altdeutsche Übungstexte, hg. von der Akadem. Gesell. schweiz. Germanisten, 16), Bern 1960.

schen Titels) um eine Schrift in deutscher Sprache. Sie liest sich wie
ein Schlüssel zur ‚Melusine'. Ausführlich und engagiert handelt sie
über die vier Elementargeister, die den einzelnen Elementen zuge-
ordnet sind: die Nymphen dem Wasser, die Sylphen der Luft, die
Pygmäen (Gnome) der Erde, die Salamander dem Feuer. Dabei stehen die Nymphen interessemäßig weit im Vordergrund. Im Prolog
ruft der Verfasser aus, ganz begeistert von seinem Gegenstand: *Seliger ist es zu beschreiben die Nymphen / dañ zu beschreiben die Orden* . . .
*Seliger ist zu beschreiben Melosinam* . . . (10, 26 ff.).

Paracelsus nennt die Elementarwesen ‚‚Geistmenschen'', weil sie
den Geistern *(spiritus)* zuzurechnen sind und zugleich die Fähigkeit
haben, menschliche oder menschenähnliche Gestalt anzunehmen.
Diese vernünftigen Geschöpfe seien nicht aus Adam geboren, müssen also mit den Elementen geschaffen worden sein, dessen ‚‚Blüten''
sie seien. Ihr Fleisch ist nicht fest, ‚‚compakt'', wie der Schweizer
Paracelsus sagt,[21] in der Art von Mensch und Tier, sondern ‚‚subtil'':
Geister gehen bekanntlich durch die Wände. In menschlicher Gestalt
werden sie als ‚‚compositum'' bezeichnet; gebären sie von menschlichen Vätern Kinder, so gehören diese für immer der Menschenwelt
an.

Das Wichtigste aber ist dies: Die Elementarwesen haben keine Seele. Deshalb ist Christus nicht für sie gestorben; sie sind, mit anderen
Worten, außerhalb der Heilsgeschichte angesiedelt. Weil dem so ist,
streben sie – und das gilt besonders für die Nymphen – zum Menschen hin. Die Verbindung mit dem Menschen läßt sie nämlich eine
Seele gewinnen. Das heißt zugleich: Sie werden adamisch, den Menschen gleich, sie leben nicht nur, sie sterben nach Menschenart. Das
ist ihre ‚‚Erlösung''. Melusine sagt dies sehr deutlich: *den ob du mir*
*gehalten und din gelüpte geleist hettest uffrecht und fromlich, so wer ich*
*natürlichen by dir gewesen und beliben und als ein ander natürlich wib*
*gestorben und der erden bevolhen worden, und were myn sele von mynem lib*
*gewißlich zů der ewigen fröude komen* (93, 20 ff.).

Heftig polemisiert Paracelsus gegen die Theologen, die diese wun-
dersamen und wunderbaren Elementarwesen aus großer Unwissen-
heit als Teufelsgespenster bezeichnen und beurteilen. Als Beispiel

---

[21] Noch heute in schweizerischen Mundarten geläufiges Adjektiv; im Schweiz.
Idiotikon fehlt es freilich wie im DWb.

zieht er die Geschichte des Peter von Staufenberg heran, an die ich bereits erinnert habe. Es heißt da: *Nun also ist auch ein warhafftig Historien von der Nymphen in Stauffenberg / die sich mit jhrer Schöny inn Weg gesetzt hatt / und jhren Herrn den sie fürnam /fürwartet.*[22] *Nun ist es nicht minder / bey den Theologen ist solch ding Teuffelsgespenst: Aber für war nicht bey den rechten Theologen* (30, 31 ff.). Paracelsus bietet im Folgenden eine genaue und kluge Analyse der Geschichte und fragt abschließend (ich paraphrasiere): Wenn die Geliebte Staufenbergs ein Gespenst gewesen wäre, woher hatte sie ihr Blut und Fleisch? Wäre sie ein Teufel gewesen, wo sind denn die Zeichen des Teufels geblieben, die ja nie fehlen? Wenn sie ein böser Geist gewesen sein sollte, wie hätte sie dann der Materie bedurft? Sie ist vielmehr ein Mensch und eine Nymphe gewesen, wie ich sie bereits beschrieben habe, und zwar eine Frau in allen Ehren, keineswegs in Unehren. Darum wollte sie Pflicht und Treue geachtet wissen. Wenn sie aber selbst die Strafe vollzogen hat und als Richter waltete, so weil sie als Wesen, das nicht aus Adam geboren ist, keinen Richter finden konnte und weil die Welt sie als Geist und Teufelin verwarf (31, 24 ff.).

Der Tenor von Paracelsus' Ausführungen über die Elementarwesen ist der: Gott ist zu preisen, daß er solche Wunderwerke hervorgebracht hat, auch wenn wir sie nicht ganz verstehen können. Und er sagt wörtlich mit Thüring: *Gott ist wunderbarlich in seinen Wercken* (14, 37). Da es sich um ein Psalmenwort handelt, scheint ein direkter Zusammenhang nicht unabweislich. Aber das Zitat ist keineswegs korrekt. Psalm 67, 36 lautet: *Mirabilis Deus in sanctis suis,* nicht *in operibus suis,* das offensichtlich aus Ps. 138, 14 stammt: *mirabilia opera tua.* Es darf so geschlossen werden, daß Paracelsus dieses kombinierte Bibelwort dem Thüring abgeschrieben hat. Das würde beweisen, daß er nicht nur die Melusinengeschichte (die er nur von Thüring haben konnte)[23] als solche aufgenommen, sondern sich auch Thürings humaner Beurteilung der Elementargeister angeschlossen hat.

Fragt man sich, in welcher naturphilosophischen Tradition Paracelsus mit seiner Lehre von den Elementargeistern steht, so stellt sich

---

[22] Bezieht sich auf die erste Begegnung. Peter auf einem Ritt sieht die Schöne am Wegrand sitzen, und offensichtlich hat sie auf ihn gewartet (v. 205 ff.).
[23] Die Annahme, Paracelsus hätte eine der französischen Fassungen gekannt, ist höchst unwahrscheinlich.

Verlegenheit ein. Trithemius, der ihm zeitlich nahe steht (1462–1516) zählt die Elementarwesen im ,Liber octo quaestionum Maximiliani Caesaris' (1508)[24] zu den bösen Geistern, d. h. den Teufeln, den mit Luzifer gefallenen Engeln, die die Elemente bevölkern.[25] Auch Agrippa von Nettesheim (1486–1535) sieht die Sache nicht anders.[26] – Faßbar ist natürlich die geistesgeschichtliche Bewegung schlechthin, der die Vorstellung von Elementargeistern angehört: die neuplatonische, verbunden mit gnostischen und wohl auch kabbalistischen Elementen. Jamblichos von Chalkis und nach ihm Proklos haben die Lehre grundgelegt, das Christentum hat sie sich für seine Dämonologie zunutze gemacht.[27] Genau das demonstriert Trithemius, der das neuplatonische Schema von sechs Klassen elementarer Wesen benutzt, aber auf die christliche Dämonenlehre ausrichtet. Was in unserm Zusammenhang interessiert, ist aber nun gerade die Entdämonisierung. Sicher hat sie in der Naturphilosophie vor Paracelsus eine Tradition, wird indes in der Paracelsus-Literatur, soweit sie mir zugänglich war, nicht nachgewiesen. Zwar sind Fäden zu Marsilius Ficinus (1433–1499) wahrscheinlich, aber sie betreffen viel allgemeinere Vorstellungen, als es die Elementargeister und deren Bewertung sind.[28] Ohne ein naturphilosophisches Spezialstudium scheint sich

---

[24] Zur Überlieferung der Schrift siehe Klaus Arnold, Johannes Trithemius (Quellen u. Forschungen z. Gesch. d. Bistums u. Hochstifts Würzburg 23), Würzburg 1971, S. 239.

[25] Siehe Will-Erich Peuckert, Pansophie. Ein Versuch zur Geschichte der weißen und schwarzen Magie, [2]Berlin 1956; S. 200 ff. zur ,,Mittelwelt" des Paracelsus; S. 201–203 die für uns einschlägigen Ausführungen aus dem ,Liber octo quaestionum'; diese Ausführungen stehen auch im Artikel ,Elementargeister' von Lutz Röhrich in: Enzyklopädie des Märchens III, Sp. 1317–1319.

[26] Siehe Peuckert [Anm. 25], S. 204.

[27] Hinweis von Röhrich, ,Elementargeister' [Anm. 25], Sp. 1316–1326. Dogmatische Positionen bei Michael Schmaus, Katholische Dogmatik II, Teil 1, [5]1954, S. 241–248. – Eigentümlicherweise hat Dionysius Areopagita, an den man bei der Vermittlung neuplatonischer Vorstellungen in erster Linie denkt, keine ausgebaute Dämonenlehre. Er führt einzig in ,De divinis nominibus' IV, 23 aus, daß die Dämonen (= gefallene Engel) nicht von Natur aus nach dem Bösen trachten (worauf sich Thomas von Aquin, Su. theol. I q. 63, a. 4 beruft), sondern aus freiem Willen vom Guten, das ihnen wie allem Geschaffenen zuteil geworden ist, abgefallen seien.

[28] Siehe Walter Pagel, Das medizinische Weltbild des Paracelsus. Seine Zusammenhänge mit Neuplatonismus und Gnosis (Kosmosophie, hg. von Kurt Goldammer, 1), Wiesbaden 1962, bes. Kap. II, Neuplatonismus und Gnosis als Quellen für das medizi-

die Frage nach einer von der Dämonologie befreiten Elementargei-
sterlehre vor Paracelsus nicht beantworten zu lassen. Nur das glaube
ich sagen zu dürfen, daß eine solche wohl mit dem Erlösungsmotiv
durch die Verbindung von Nymphe und Mann, dem ,,Adamisch-
werden" zusammenhängen dürfte. Dazu wäre eine dogmatische
Rechtfertigung denkbar, nämlich das Theologumenon der Erlösung
der gesamten Schöpfung, wie es aus Römer 8, 19 ff. abgeleitet werden kann: *Nam exspectatio creaturae, revelationem filiorum Dei exspectat
... quia et ipsa creatura liberabitur a servitute corruptionis in libertatem
gloriae filiorum Dei. Scimus enim quod omnis creatura ingemiscit, et parturit
usque adhuc.*[29]

Ich kehre zu Thürings ,Melusine' zurück mit der Einsicht, man
müsse die paracelsische, vom Dämonenglauben befreite Sicht gewinnen, um ihr gerecht zu werden. Es ist jetzt noch an einen auffallenden
und den Leser – jedenfalls den heutigen Leser – befremdenden Zug
der Erzählung zu erinnern: die körperlichen Missbildungen der Me-
lusinensöhne. Es sind dies klärlich und den zeitgenössischen Lesern
offenkundige Zeichen dämonischen Ursprungs oder dämonischer
Art. Der Autor hat nun diese Male beibehalten, aber gerade ihres
Zeichencharakters beraubt. Das grüne und das rote Auge, die Löwenpranke auf der Wange, der Eberzahn u. s. w. haben keine Funk-
tion mehr,[30] sie beunruhigen – übrigens gegen alle psychologische
Wahrscheinlichkeit – weder den Vater noch schaden sie den wacke-
ren Söhnen in ihrer Erfolgslaufbahn. In dieser Neutralisierung der
Dämonenzeichen wird besonders deutlich, daß die humane Perspektive der Erzählung eine bewußte ist.[31]

nische Weltbild des Paracelsus, S. 33–119; Ernst Wilhelm Kämmerer, Das Leib-Seele-
Geist-Problem bei Paracelsus und einigen Autoren des 17. Jahrhunderts, Wiesbaden
1971; franz. in: Lucien Braun/Kurt Goldammer u. a. (Hgg.), Paracelse (Cahiers de
l'Hermétisme), Paris 1980, S. 89–231.

[29] Zur Auslegung siehe: Karl Hermann Schelkle, Paulus, Lehrer der Väter. Die
altkirchliche Auslegung von Römer 1–11, Düsseldorf 1956, S. 292 ff.; Ulrich Wilkens,
Der Brief an die Römer, 2. Teilband (Evangelisch-katholische Kommentare), Einsie-
deln 1980, S. 145–169.

[30] J.-D. Müller bemerkt dazu einsichtig, daß die körperlichen Sondermerkmale, in
denen das Dämonische ,,zum Außergewöhnlichen domestiziert" sei, ,,heraldischen
Charakter" trügen [Anm. 11], S. 66.

[31] Umso mehr überrascht der archaische Zug von der Tötung des Horribel mit den
drei Augen. Er ist zum Argen geboren (56, 23 ff.), und die scheidende Melusine riet,

Von der Melusinengestalt und deren Faszination bin ich ausgegangen, und ihr wende ich mich zum Schluß wiederum zu. Melusine aus der geheimnisvollen Welt des Wassers ist „unsaglich" schön, und, was ohne Kränkung irdischer Frauen gesagt sei, von höchster erotischer Ausstrahlung. Dies aber nicht wie in vielen Volkssagen im Aspekt des Sinnlich-Betörenden, der Verführung, nicht als Loreley, die auch zum Geschlecht der Nymphen gehört, nicht als Wasserweib wie in Goethes ‚Fischer' („Halb zog sie ihn, halb sank er hin"), sondern als echtes, die ganze Personalität umfassendes Liebesglück – deshalb ist die Verbindung zwischen Raymond und Melusine ja auch, was in diesem Motivkreis keineswegs die Regel, vielmehr die Ausnahme ist, die Form der Ehe. Auch als Gattin und Mutter ist Melusine tadelsfrei, an der Katastrophe hat sie keinen Anteil, sie ist nur ihr Opfer. Was ihr durch Raymonds Treubruch unwiederbringlich genommen wurde, die Menschwerdung, das Sterblich-, das Adamischwerden, war ihr höchstes Gut, der Verlust schlimmer als der Tod. Dem Erzähler gelingt es, dies ins Bild und ins Wort zu bringen. Die Erlösung durch einen Menschen zum Menschen ist ihm, man möchte fast sagen, ein moralisches Anliegen.

Noch ein anderes und letztes zum Ruhme des Erzählers. Es gehört zu den Gaben der Nymphen, daß sie uneingeschränkt über irdische Glücksgüter verfügen, die dann durch die Verbindung mit dem geliebten Partner der Menschenwelt diesem zugute kommen. So ist es auch in der ‚Melusine'. Eigentlich sollte nun nach dem Tabubruch auch die irdische Herrlichkeit Raymonds und mit ihr die Stellung in der Gesellschaft, die ‚Ehre' also, zusammenbrechen. Aber für Thüring war dieser Punkt eine quantité négligeable: Es genügte ihm, die Katastrophe im Verlust des geliebten Weibes und in nichts anderem darzustellen. Auch hier ist er von erstaunlicher Souveränität. Raymond hat mit dem einen, der unvergleichlichen Melusine, alles verloren, obschon ihm Besitz und Ehre erhalten bleiben, nur bedeutet

---

ihn zu töten, da er das ganze Land von Poitiers ins Verderben stürzen würde (93, 35 ff.). Raymond folgt diesem Rat ohne Bedenken (97, 32 ff.). Hier schlägt das Dämonische zu unserer Bestürzung durch. Aber – es kann beseitigt werden wie das Abhacken eines ungesunden oder frevelnden Gliedes, und das Geschlecht vermag sich so zu bewahren. Was von uns als Mord angesprochen wird, ist ein Justizakt und bleibt als solcher außerhalb moralischer Implikationen. Die Entdämonisierung erfolgt hier also durch Ausscheidung und Iustifikation (so fragwürdig sie an sich bleibt).

ihm dies alles nichts mehr. In diesem Sinne hat er freilich auch Ehre
und Wohlstand verloren. Entscheidend ist: ,,Nie mehr sah ihn je ein
Mensch fröhlich bis zu seinem Ende" (97, 27). Was für ein Verdikt!
Das weist nochmals darauf hin, daß in dieser Geschichte die Liebesbeziehung dominant ist,[32] jedenfalls ist sie das faszinierende Flui-
dum der ,Melusine'-Erzählung. Es ist die Liebe, die die Lebensmitte
beider Partner bestimmt, die Glückssuche des Mannes, die ,Erlö-
sung' der Frau in der Sterblichkeit. Daß dies scheitert, notwendi-
gerweise scheitert, beklagt der Erzähler schon von Anbeginn, und er
braucht die Vorwegnahme nicht zu scheuen, da auch der Leser in
seiner Menschenerfahrung dieses Scheitern voraussieht.

Die Geschichte von Raymond und Melusine, nicht nur in der be-
sonderen Gestalt der mittelalterlichen Erzählung, sondern als Typus,
in ihrem Sinngehalt auszuloten, ist noch eine Aufgabe der Zukunft.
Mit Paracelsus möchte man ausrufen: Seliger ist zu beschreiben Melosinam! Das wäre freilich weniger die Aufgabe eines Literarhistori-
kers, der sich primär an konkreten Texten, nicht an Archetypen zu
orientieren hat, als diejenige eines Künstlers, der das im Grunde
mythische Melusinenmotiv in Gestalten der heutigen Welt und des
modernen Bewußtseins umzusetzen hätte. Ich könnte mir das etwa
in einer Form vorstellen, wie sie Jean Cocteau für den Orpheusmy-
thos – ich meine unvergleichlich – in Drama und Film gefunden
hat.[33]

---

[32] Die Aufnahme der ,Melusine' in das ,Buch der Liebe' v. J. 1587, einer großen
Romansammlung des Frankfurter Großverlegers Sigmund Carl Feyerabendt (dazu in
der Ausgabe Roloffs [Anm. 2], ,,Zur Textgestalt", S. 143–146), weist darauf hin, daß
Thürings Werk als Liebesgeschichte verstanden und gelesen wurde.

[33] Dieses Referat, zuerst an den Universitäten in Rom, Bern und Regensburg vorgetragen, verdankt der Diskussion, zumal derjenigen während der Akademiesitzung,
wertvolle Anregungen, für die ich mich an dieser Stelle herzlich bedanken möchte.
Außerdem schulde ich für fördernde Hinweise aufrichtigen Dank Herrn Kollegen
Dieter Harmening (Würzburg).